El negocio de nuestra clase

Trabajar al mismo tiempo

Vanessa Flores

COMPUTACIÓN CIENTÍFICA EN EL MUNDO REAL™

Rosen Classroom™

Publicado en 2018 por The Rosen Publishing Group, Inc. 29 East 21st Street, New York, NY 10010

Autor: Vanessa Flores
Traductor: Alberto Jiménez
Directora editorial, español: Nathalie Beullens-Maoui
Editora, español: María Cristina Brusca, Editora, inglés: Caitie McAneney
Diseño del libro: Jennifer Ryder-Talbot

Créditos fotográficos: Cubierta, 14 wavebreakmedia/Shutterstock.com; p. 4 Syda Productions/Shutterstock.com; p. 6 (girl) antoniodiaz/Shutterstock.com; p. 6 (rake) StudioOneNine/Shutterstock.com; p. 8 gabriel12/Shutterstock.com; p. 10 Photographee.eu/Shutterstock.com; p. 12 Joyseulay/Shutterstock.com.

ISBN: 9781538356456
6-pack ISBN: 9781538356531

Fabricado en Estados Unidos de América

Información de cumplimiento CPSIA Lote #WS18RC: Si desea más información póngase en contacto con Rosen Publishing, New York, New York, teléf. 1-800-237-9932

Contenido

Aprender sobre negocios

Nuestra clase tiene una invitada especial, es la señora Walker, quien inició su propia empresa. Creó una **aplicación** y ahora dirige su propio negocio. La señora Walker quiere enseñarnos cómo dirigir un negocio.

Primero tenemos que decidir a qué negocio dedicarnos. Miramos lo que está **disponible** para nosotros. ¿Con qué suministros contamos? ¿Qué habilidades tenemos?

Bienes y servicios

La señora Walker nos enseña que los negocios venden bienes y servicios. Los bienes son cosas tangibles cuya venta nos hace ganar dinero y los servicios son acciones que se realizan con el mismo propósito.

Nos dividimos en dos grupos para pensar en ideas al mismo tiempo. El primer grupo reflexiona sobre qué bienes vender, como pulseras, galletas y camisetas de la escuela. El segundo grupo se enfoca en servicios, como cortar el césped o recoger hojas.

Nuestros materiales

¿Qué compraría la gente en la escuela? ¿Qué resulta barato de hacer? Decidimos hacer pulseras.

Tenemos que reunir **materiales**. La mayoría de lo que necesitamos ya lo tenemos en el clóset de suministros. Nos dividimos en grupos para buscar al mismo tiempo lo que nos hace falta. El grupo uno busca cuentas; el grupo dos, hilos para ensartar; el grupo tres, tijeras. Tenemos todo lo necesario para hacer nuestras pulseras juntos.

Nuestra cadena de montaje

Aprendemos que las cadenas de montaje son grupos de personas y máquinas que realizan simultáneamente tareas diferentes para fabricar un producto.

Nos dividimos otra vez en grupos. El grupo uno corta el hilo de ensartar; cada trozo tiene que ser lo bastante largo como para rodear la muñeca de un niño. El grupo dos ensarta las cuentas en el hilo, las pone de muchos colores. El grupo tres anuda la pulsera.

100 STEPS CHECK
GT
MU
CORRECT
MRC
M–

Vendemos pulseras

¡Nuestra cadena de montaje funcionó! Hacemos 100 pulseras en solo dos horas. Hicimos muchas más trabajando juntos que si hubiéramos trabajado por separado.

Vendemos nuestras pulseras durante un partido de fútbol de la escuela. El grupo uno intenta que la gente las compre. Ellos tienen un cartel que dice: "Se venden pulseras".

El grupo dos recibe el dinero de los compradores. El grupo tres cuenta el dinero.

Un negocio de éxito

El negocio de nuestra clase fue un éxito. Con los 100 dólares que ganamos compraremos libros nuevos para nuestra clase. Hemos aprendido mucho sobre negocios.

—El tiempo es oro— dice la señora Walker. Podemos ganar más dinero realizando las tareas de forma simultánea, porque así ahorramos tiempo.

Glosario

aplicación: Programa de computación que realiza determinada tarea.

disponible: Que puede usarse.

material: Algo con lo se puede hacer otra cosa.

Índice